Claudio Tugnoli

Humanismo e pós-humanismo

Claudio Tugnoli

Humanismo e pós-humanismo

A obsolescência do humanismo platónico clássico

ScienciaScripts

Imprint
Any brand names and product names mentioned in this book are subject to trademark, brand or patent protection and are trademarks or registered trademarks of their respective holders. The use of brand names, product names, common names, trade names, product descriptions etc. even without a particular marking in this work is in no way to be construed to mean that such names may be regarded as unrestricted in respect of trademark and brand protection legislation and could thus be used by anyone.

Cover image: www.ingimage.com

This book is a translation from the original published under ISBN 978-3-659-85875-8.

Publisher:
Sciencia Scripts
is a trademark of
Dodo Books Indian Ocean Ltd. and OmniScriptum S.R.L publishing group

120 High Road, East Finchley, London, N2 9ED, United Kingdom
Str. Armeneasca 28/1, office 1, Chisinau MD-2012, Republic of Moldova, Europe
Printed at: see last page
ISBN: 978-620-8-31911-3

Índice

Prefácio

Com este artigo, tenho dois objectivos. O primeiro é demonstrar porque é que o humanismo clássico parece estar obsoleto numa perspetiva pós-humanista, e o segundo é ilustrar a contribuição da teoria mimética para a compreensão do sujeito. Na primeira parte do artigo, veremos por que razão a noção de identidade proposta pelo humanismo clássico é totalmente inadequada para a compreensão da realidade do homem, isto é, da historicidade relacional. Na segunda parte, veremos como a hipótese de René Girard é eficaz em termos de hermenêutica do sujeito e está em perfeita sintonia com uma consideração pós-humanista da realidade.

[th]A transição para uma cultura pós-humanista ocorreu gradualmente nas últimas décadas do século XX, à medida que o conceito humanista clássico se tornava cada vez menos capaz de compreender as dinâmicas interaccionais entre os vários sujeitos que povoam o nosso planeta, incluindo as máquinas, uma vez que estas se tornaram tão evoluídas que podem ser consideradas parceiros relacionais autónomos do homem. A cultura humanista, merecedora de todas as profundas transformações ocorridas no nosso planeta, a certa altura, porém, tornou-se incapaz de interpretar corretamente a nova realidade formada. O humanismo clássico, baseado na separação do homem do resto da natureza e na atribuição ao homem de um estatuto único e especialíssimo, promoveu ao longo dos

séculos a criação de um ecossistema (em sentido lato) que já não pode ser interpretado com o mesmo velho conceito do humanismo clássico. O velho esquema separatista e essencialista, fundado na noção de domínio indiscutível do homem sobre a natureza, revelou-se tão inadequado e tão perigoso que preparou o terreno ideológico e operacional para uma catástrofe global sem precedentes. Um certo ecologismo romântico limita-se a travar pequenas batalhas, iludindo-se com a ideia de que as pequenas vitórias podem salvar o ambiente da devastação final e a própria vida - humana e não humana - da extinção, sem apreciar a necessidade de uma renovação profunda do paradigma que inspira o pensamento e as acções do homem sobre a terra. É, pois, necessário conceber uma nova teoria - mais exatamente, uma teoria pós-humanista - capaz de sublinhar i) a unidade de todos os seres vivos, ii) a interdependência e a interligação de cada forma de vida com o ambiente que a rodeia e, por conseguinte, iii) a impossibilidade de atribuir a cada indivíduo uma essência própria, independente da evolução e das relações através das quais a identidade, se é que podemos usar tal termo, é progressivamente construída.

O darwinismo e a genética deram o seu contributo fundamental para o conceito de unidade do ser vivo (Boncinelli, 2009). A teoria da evolução, a ecologia e a bioética animal lançaram as bases para o reconhecimento da interdependência e interligação efectivas entre os seres vivos e entre estes e o ambiente. A filosofia analítica e a antropologia cultural estabeleceram as premissas para uma investigação sobre a identidade em geral, que permitiu considerar infundada a teoria humanista clássica da identidade entendida como substância original, completa, sempre igual a si mesma .[1]

[th]Na perspetiva pós-humanista, de que Roberto Marchesini é um aclamado estudioso[2] , o século XX é o século em que o edifício humanista é demolido depois de ter sido duramente atingido no seu pressuposto central, nomeadamente a ideia de que o ser humano não se pode relacionar com qualquer outra alteridade que não seja humana. O humanismo clássico, fundado na negação da existência de qualquer alteridade não-humana, é agora KO, e o seu fim foi provocado pelas transformações e inovações produzidas por essa mesma cultura humanista. Os traços fundamentais que Marchesini atribui à cultura humanista são, de facto, os mesmos pressupostos que o pós-humanismo hoje contesta: a disjuntividade (a pretensão de pensar o homem como uma entidade única e separada do resto do mundo); a centralidade do ser humano e a ideia do não-humano como sendo apenas um instrumento ao serviço do homem; a autopoiese, pela qual o homem é pensado como autossuficiente e auto-fundado, como se as suas caraterísticas e qualidades tivessem surgido de si próprio; a subsunção,

---

[1] Cf. Tugnoli 2011. A identidade tem um carácter intrinsecamente relacional que só a ideologia totalitária típica do humanismo clássico, cega por uma espécie de auto-celebração solipsista, pode negar. Em Itália, Francesco Remotti e Giangiorgio Pasqualotto contribuíram substancialmente para a confutação do preconceito essencialista. Cf. Ghilardi 2012.

[2] As principais linhas teóricas da nova formulação pós-humanista foram definidas em Marchesini 2001, e retomadas em Marchesini 2009.

portanto a ideia de que o homem contém o mundo inteiro e, como tal, é a sua unidade de medida; a virtualidade, pela qual o homem se pensa a si próprio como sendo potencialmente ilimitado e totalmente sem vínculos.

Palavras-chave:

Humanismo, antropologia mimética, pós-humanismo, teoria mimética, zooantropologia, identidade, hibridação, interdependência

CAPÍTULO 1

As origens do paradigma humanista

Os traços fundamentais do humanismo tradicional estão já presentes no mito de Protágoras, narrado no diálogo Protágoras de Platão. Um breve resumo do mito servir-nos-á de orientação (Platão 2001, 38-43). Houve um tempo em que existiam os deuses, mas não a raça mortal. Estes últimos eram bons quando os deuses os moldaram, misturando terra com fogo, e depois ordenaram a Prometeu e a Epimeteu que distribuíssem por cada raça as faculdades suficientes para garantir a sua sobrevivência. Epimeteu pediu que lhe fosse confiada a tarefa de distribuir as faculdades e a Prometeu a tarefa de as verificar depois de distribuídas. Prometeu, porém, não só verificou, como teve de atuar para remediar a ignorância de Epimeteu. Cada raça recebeu um conjunto diferente de caraterísticas, suficientes para a sobrevivência dos seus membros, com base em critérios de compensação e equilíbrio, de modo a evitar a extinção de qualquer uma das espécies. Epimeteu mostra aqui uma sabedoria inteiramente contraditória com a tolice que lhe é habitualmente atribuída por ter esgotado todas as faculdades dos animais desprovidos do dom da razão, sem deixar nada para o homem, o animal racional. Talvez Epimeteu pensasse que a razão era tudo o que o homem precisava? Tinha dado aos pequenos animais asas para fugirem ou casas subterrâneas; os animais de grande porte, pelo contrário, estavam a salvo graças ao seu tamanho. Para além dos meios para escapar à destruição por animais de outras espécies, Epimeteu também lhes deu caraterísticas estáveis para os proteger das intempéries: o pelo espesso e a pele dura não só os protegiam do frio, mas também do calor e funcionavam como cobertores quando se deitavam para dormir. A alguns animais deu cascos duros para as patas, a outros garras; a alguns deu a erva da terra como alimento, a outros os frutos das árvores, a outros as raízes; a alguns deu a carne de outros animais para comerem; não deu uma elevada prolificidade aos predadores mas às suas presas, para que as espécies destas últimas pudessem sobreviver apesar de muitas delas acabarem no estômago dos predadores.

Epimeteu, porém, esgotou todas as faculdades de que dispunha e ficou sem nada para os seres dotados de razão. Prometeu verificou que todos os seres vivos tinham recebido faculdades de forma harmoniosa, enquanto o homem tinha ficado sem nada, nu, descalço e indefeso. Nada de bom, visto que o homem estava prestes a sair da terra. Nessa situação, o homem teria desaparecido assim que pusesse os pés no planeta. O homem tinha de ser salvo. Prometeu sentiu-se no dever de remediar a irreflexão de Epimeteu e, por isso, roubou os conhecimentos técnicos *(entechnos sophia)* a Éfeso e a Atena, bem como o fogo, e deu-os ao homem, que adquiriu os conhecimentos técnicos e o fogo assim que ganhou vida, sem qualquer aprendizagem, sem esforço e graças ao erro de Epimeteu. O homem está salvo, e agora pode evitar o risco de ser destruído pelas forças da natureza, porque possui a ciência da vida - embora não a ciência política. Ao receber o fogo e os conhecimentos técnicos de Prometeu, que os subtraiu a Éfeso e a Atena, o homem é levado a partilhar o destino divino; porque está relacionado com os deuses, é o único ser vivo que acredita nos deuses, erigindo estátuas e altares em sua honra.

No início, os homens não vivem em cidades, mas dispersos aqui e ali. Com os conhecimentos adquiridos, começam rapidamente a utilizar a linguagem para comunicar, construir casas, criar calçado e vestuário e tudo o mais de que necessitam para viver. Mas continuam expostos a ser atacados por animais selvagens, porque lhes falta a *technepolitike,* ou seja, a "arte política". Por isso, começam a tentar agrupar-se, a juntar-se para fundar cidades, mas sempre que o fazem acabam por se ofender uns aos outros, precisamente porque lhes falta a habilidade política, e por isso voltam a dispersar-se e a morrer. Assim, ter recebido dos deuses, através de Prometeu, o conhecimento técnico e o fogo revela-se uma condição essencial para a humanidade, mas não suficiente para a sua sobrevivência. Podemos imaginar que o homem não consegue reunir-se devido à rivalidade mútua que leva à violência. Por isso, precisam da arte política, que inclui também a arte da guerra. Nesta altura, Zeus toma a iniciativa de fazer com que Hermes traga aos homens a modéstia e a justiça, que devem ser os fundamentos da cidade. Hermes pergunta a Zeus se deve distribuir o pudor e a justiça a todos os homens na mesma medida ou se deve dá-los apenas a alguns, para que um seja suficiente para muitos, como no caso de um arquiteto ou de um médico. Zeus responde que as cidades não existiriam se apenas um pequeno número de homens tivesse pudor e justiça, pelo que estes devem ser distribuídos por todos os homens. E porque a polis não pode sobreviver sem modéstia e justiça, é por isso que estas são os fundamentos da *techne politike.*

O Mito de Protágoras exprime o conceito de tecnologia vista como um remédio - uma prática que se acrescenta ao homem concebido como um ser isolado, um ser único fundado em si mesmo, autossuficiente e capaz de compreender toda a realidade. O pós-humanismo vê a tecnologia não como uma prática adicional que melhora as qualidades humanas, mas como um agente de infiltração e transformação da própria identidade do *homo sapiens sapiens* - um agente que actua misturando-se com a estrutura biológica (Marchesini 2009, 9). O progresso tecnológico provocou uma verdadeira mutação ontológica. A relação natureza-cultura não pode ser compreendida com as categorias do humanismo clássico, que insiste em confirmar a pretensão autárquica do homem, representado como o demiurgo total do seu próprio destino. O humanismo clássico também distorceu o novo quadro epistemológico oferecido pelo darwinismo, que desempenhou um papel fundamental na demolição do antropocentrismo obsoleto. O erro do humanismo reside no facto de ter concebido o darwinismo num sentido antropocêntrico. Marchesini salienta que, se o darwinismo rejeita todas as formas de hierarquização das várias espécies, mostrando a emergência de um conjunto de caminhos únicos de bios, o humanismo introduziu o conceito de homem como a espécie mais evoluída que deixou para trás todos os outros seres vivos: o homem seria a espécie mais avançada, enquanto os outros seres vivos seriam exemplos de regressão, portanto a encarnação de tentativas falhadas de emancipação.

A ideia do animal como amostra regressiva do homem já estava presente no platonismo, efetivamente ilustrada pelo mito conclusivo do *Timeu,* em que as várias espécies animais são representadas como homens-macho caídos (Platão 2003, 270-275). No que respeita ao conceito de relação homem-animal, pouco importa que em Platão o ponto de partida seja o homem e que na interpretação distorcida do evolucionismo o homem surja no final de um longuíssimo processo evolutivo: em ambas as perspectivas, a alteridade animal é entendida como estando em oposição ao humano, como um reflexo regressivo e negativo do ser humano. Os predicados da animalidade são a mera negação dos predicados humanos, sendo que a negação pode significar perda, regressão, queda ou bestialidade primitiva. De qualquer forma, os animais são vistos como o passado do homem, que só o é na medida em que se desvia deles ou supera a sua condição, uma vez que o humanismo exclui a possibilidade de o homem se tornar tal em virtude dos ensinamentos e aprendizagens que derivam do reino animal.

O pós-humanismo opõe-se diametralmente a esta conceção que expulsa qualquer forma de ligação interactiva e de interdependência entre o homem e qualquer espécie de alteridade, e propõe uma nova noção de identidade, já não fundada na negação da alteridade, mas antes no reconhecimento da interação mútua, através da qual a alteridade é acolhida e valorizada. A teoria e a prática coincidem aqui: não reconhecer a presença e o papel da alteridade equivale a regressão e auto-anulação. A identidade ou se alimenta da alteridade ou definha, como qualquer organismo privado de alimento.

No seu *Timeu*, Platão descreve o processo pelo qual o universo e o homem foram criados. Trata-se, portanto, de uma cosmogonia, uma antropogonia e uma zoogonia. No final do *Timeu*, Platão conta, de forma resumida, como se originaram a mulher e os animais, a partir do homem. Podemos considerar o mito de origem de Platão, que estabelece uma dicotomia entre o ser do homem (natureza boa) e o ser da mulher e dos animais (natureza má). Estes últimos são seres derivados por corrupção da natureza boa do homem. O relato etiológico *do Timeu* é substancialmente uma nova exposição da doutrina da metempsicose, anteriormente abordada por Platão no seu Fédon. Em *Timeu*, diz-se que o homem que conduziu a sua vida de acordo com os preceitos da justiça e da bondade, no fim do tempo que lhe foi atribuído, voltará a viver junto da estrela mais semelhante a ele e viverá uma vida feliz, de acordo com a sua natureza. O homem que não viver na justiça, porém, na sua segunda geração, renascerá inevitavelmente como mulher. Se ainda persistir na sua maldade, na geração seguinte transformar-se-á numa forma inferior de animal[3] . O aparecimento das mulheres na terra é o resultado de uma queda: os homens que foram cobardes, na segunda geração renascerão como mulheres. É nesta altura que os deuses introduzem o amor de conjunção, criando um ser vivo com caraterísticas alteradas. Os deuses modificaram a anatomia e a fisiologia dos dois sexos para permitir a procriação sexual. O órgão sexual masculino e o feminino são como dois animais (zoon), o primeiro dominador e animado por uma paixão furiosa, o segundo tão desejoso de ter filhos que a falta de fertilidade provoca na mulher agitação, irritação e, com o passar do tempo, verdadeiras doenças. Os dois sexos estão obcecados pelo desejo de acasalamento e, portanto, pelo objetivo de semear na matriz seres vivos tão pequenos *(adrata ypd smikrdtetos)* que são invisíveis (Platão 2003, 271-

---

[3] Platão 2003, 119-121. O demiurgo cria uma primeira geração que é idêntica para todas as almas, de modo que ninguém recebe menos do que isso. O género inicial atribuído pelo demiurgo a todas as almas é o masculino, porque, como a natureza humana é dupla, o género que então se chamava masculino é o melhor e, por isso, aparece aqui como o arquétipo de si mesmo e de todos os géneros que serão gerados por *degeneração,* a começar pelo género feminino. Nesta conceção, o homem não se relaciona com a alteridade feminina mas com uma versão degradada de si próprio. O modelo humanista, de facto, introduz o antropocentrismo também no interior da raça humana: o homem atribui, assim, à mulher tudo aquilo que expulsa de dentro de si porque não o reconhece como seu. O homem, enquanto herdeiro, *sic et simpliciter,* do arquétipo, será dominado pela preocupação de evitar qualquer tipo de contaminação proveniente da sua relação com as mulheres e com os outros seres vivos de qualquer espécie. Deste modo, poder-se-ia dizer que o macho vive da sua herança e permanece firme na sua condição, vivida como sinal e consequência da eleição e da virtude. Tudo isto é possível no seio de uma cultura androcrática, de que o humanismo greco-romano é a expressão eloquente. Cf. Tugnoli 2012 e Tugnoli 2013.

273) e ainda não desenvolvidos. Depois de descrever como são geradas as mulheres (os homens que viveram na cobardia renascem como mulheres), Platão ilustra como são geradas as aves: descendem, por transformação, de homens que não são maus mas simplórios, que olhavam para o céu na expetativa de obterem um conhecimento certo através da visão - uma faculdade imprecisa da alma, exercida por um órgão corruptível. Os animais peões descendem de homens que não eram adeptos da filosofia, que nunca levantaram os olhos para contemplar o céu, que, de facto, não usavam o cérebro, mas as partes da alma que se encontram no peito. Atraídos para a terra, estes animais têm cabeças alongadas porque as vias de circulação no interior da cabeça ficaram inactivas e a cabeça atrofiou (em relação ao modelo inicial, ou seja, a cabeça do homem). Mais abaixo, encontramos os animais cujos corpos rastejam no chão sem a ajuda de membros ou outros suportes, descendendo de homens totalmente irracionais. A quarta e última classe de animais é constituída pelos animais aquáticos, como os peixes e crustáceos de todas as espécies, que descendem dos homens mais estúpidos e ignorantes de todos, cuja alma estava tão contaminada por todas as formas de desordem que, ao se transformarem, foram considerados indignos de respirar ar puro e, portanto, destinados a respirar com dificuldade na água.

No *Timeu,* os animais podem transformar-se de uns em outros: a passagem de uma raça para outra faz-se com base na perda ou no ganho de inteligência. A sequência dos seres é, portanto, dinâmica. Os animais vivem uma condição puramente negativa em comparação com o ser humano obrigado a experimentar as vicissitudes da transmigração como consequência da alteração da sua natureza original, ou seja, aquela natureza que resultou da criação pelo demiurgo. Podemos inferir que, se o homem não tivesse tido a desventura de degenerar, não haveria animais? A sua existência não é, pois, independente do homem, porque eles não passam de homens falhados, sob a forma de uma alteridade deformada e grotesca. Torná-los servos e explorá-los, usá-los, é inteiramente legítimo, pois vivem numa condição de expiação de um delito cometido na sua vida anterior.

Repare-se que o processo de metempsicose aqui ilustrado assenta no pressuposto de que o sujeito das transformações, a personagem principal das várias mudanças, é sempre o homem. No início, encontramos este homem desprovido de órgãos reprodutores, porque é autossuficiente, autárquico, inteiramente independente do mundo e de qualquer forma de alteridade. Neste contexto, a sexualidade, que envolve todo o ser do homem numa relação constitutiva do ser humano, é obrigada a desempenhar um papel secundário e ocasional. O homem, tal como sai das mãos do Demiurgo, é perfeito, em harmonia consigo mesmo, completo. A sua relação com a alteridade só pode alterá-lo, contaminá-lo e arrastá-lo para níveis inferiores do ser: o ato sexual é, portanto, um mal necessário que o homem deve sofrer como consequência do seu mau comportamento. O homem está, portanto, exposto a um processo de bestialização progressiva e degenerativa, cujo resultado é a disseminação na terra de seres inferiores que podem ser definidos como os subprodutos da sua ação enquanto sujeito solitário incapaz de fazer uso adequado da sua inteligência. Em cada etapa da sua descida, a causa da sua queda para um nível inferior consiste no facto de o homem abandonar, de algum modo, o conhecimento da sua própria perfeição absoluta e da sua autossuficiência autárquica e plena. As mulheres e os animais são homens decaídos e, portanto, representam uma alteridade negativa que deve ser evitada.

Sob o ponto de vista deste verdadeiro manifesto do humanismo clássico, os animais são seres absolutamente inferiores, o reflexo negativo do homem. Eles são a imagem visível da negação do ser humano, na qual o homem só pode contemplar a perda de si mesmo, a sua derrota e a sua degradação. Na sua qualidade de encarnação objetiva da degradação moral do homem, os animais são uma alteridade que deve ser evitada, uma perigosa fonte de contaminação. O homem pode realizar-se e reencontrar-se negando essa mesma negação que o rodeia e recolhendo-se em si mesmo com um movimento centrípeto capaz de o reconduzir à condição original de autossuficiência. Nesta conceção, falta aos animais a dignidade de uma existência independente, como a que lhes poderia ser atribuída se tivessem sido criados diretamente pela divindade.

CAPÍTULO 2

A crítica do humanismo

A biotecnologia, e a genética em particular, ajudaram a demolir a ideia preconcebida de um fosso ontológico entre o humano e o não-humano, típica do humanismo clássico. A hibridação entre o homem e a alteridade animal, bem como entre o homem e a alteridade tecnológica, tornou-se uma prática corrente, apesar dos vetos da ética tradicional, do silêncio do mundo científico e do medo do monstruoso (basta pensar na engenharia genética, na doação, no quimerismo genético, etc.). O código genético mostra a existência de uma gramática da vida partilhada por todas as espécies vivas. A unidade da vida tem, portanto, um fundamento tanto metodológico como ontológico, mas é precisamente este que elimina qualquer pretensão de separação entre o humano e o não-humano. E até mesmo as definições demasiado vinculativas do que é o humano se encolhem perante os cenários abertos pela genética. "O gene, escreve Marchesini, é uma realidade em fuga, ou seja, assume um perfil cosmopolita que aniquila inevitavelmente qualquer pretensão de discriminação entre seres vivos: torna-se enucleável, transferível, modificável, pensável e edificável" (Marchesini 2009, 18). Isto abre a porta à possibilidade de a engenharia genética ir muito para além da cura de doenças, em direção à reprogramação genética do homem. Em breve, a possibilidade de fundir embriões de espécies diferentes para criar quimeras com capacidades especiais ou de utilizar a doação para obter células estaminais homólogas tornar-se-á viável.

O humanismo clássico vê a técnica como um simples apoio suplementar, como se em qualquer altura o homem pudesse prescindir dos elementos externos considerados fontes de contaminação. A conceção humanista utiliza a técnica para corrigir uma limitação biológica ou para valorizar qualidades e capacidades inatas ao ser humano. O pós-humanismo, pelo contrário, vê a técnica como "infiltradora e hibridizadora". As máquinas não são meros instrumentos, precisamente devido à sua autonomia operacional, à sua capacidade de comunicar com outras máquinas, ao seu carácter autopoiético, ao facto de estarem sempre a infiltrar-se e a perfundir a realidade do homem. A contaminação e a hibridação com não-humanos é uma prática comum; as máquinas tornaram-se interactivas e infiltradoras do corpo, ao ponto de constituírem uma "tecnosfera dialógica, de tal modo que, no final do século, as máquinas assumem cada vez mais caraterísticas animais, subvertendo o velho conceito cartesiano"[4] . A evolução das máquinas foi um acontecimento extraordinário e inesperado. As máquinas passaram de ferramentas com funções meramente ergonómicas a indivíduos de pleno direito, capazes de

---

[4] R. Marchesini, *Il tramonto dell'uomo,* cit., p. 21.

interagir com os seres humanos numa dimensão quase totalmente zooantropológica. Com a sua tendência para unir os vários sectores e domínios através da informática e da digitalização, as tecnologias tornaram obsoleto o paradigma humanista tradicional (Tugnoli 2005).

A revolução tecnológica e a criação de uma tecnosfera cada vez mais evoluída paralisaram definitivamente o velho conceito de identidade do humanismo clássico, baseado precisamente na separação, pureza, permanência e inalterabilidade de uma essência que, tanto a nível individual como coletivo, era definida como identidade. O século passado assistiu a mudanças profundas e radicais que nos obrigam a repensar a identidade de formas absolutamente novas, ao ponto de ser mesmo necessário abandonar o uso deste termo por outro mais adequado à nova semântica. Tanto a identidade subjectiva como a identidade objetiva tornaram-se algo que muda, é dinâmico e múltiplo. É impossível pensar na identidade como um perfil idêntico, como uma qualidade simples, única e indivisível. A unidade é contrariada pelas contradições que persistem na constituição da identidade individual, no mosaico de culturas sem integração em que se expõem as novas realidades urbanas .[5]

---

[5] Zygmunt Bauman oferece reflexões interessantes sobre o carácter ambivalente da urbanização. A mixofobia decorre do contacto forçado com uma variedade difícil e stressante de indivíduos diversos, de línguas, vestuário, expressões gestuais diferentes e mutuamente indiferentes. Segundo Bauman, "as tensões que resultam da não-familiaridade irritante/desorientadora/irritante do cenário continuarão provavelmente a despoletar impulsos segregacionistasw (Bauman 2004, 152). Um agregado de indivíduos que se roçam aleatoriamente uns aos outros e se ignoram mutuamente pode aumentar a tendência para a não comunicação e para a segregação, que são exatamente o oposto do reconhecimento mútuo, da contaminação, da hibridação e

Nunca existiu verdadeiramente um tipo de identidade compacta e uniforme, mas o humanismo clássico sempre a proclamou como verdadeira e a defendeu como essencial. O humanismo clássico defendeu uma ideia de identidade que não reflecte nenhuma situação concreta, antes a contradiz, substituindo a condição real do homem no espaço e no tempo pela pretensão alucinatória de uma identidade simples (sem laços no espaço) e perfeitamente imóvel (intemporal e fora dos limites do tempo). A mentira do humanismo clássico é substituída pelo pós-humanismo com o reconhecimento inevitável do carácter plural e flutuante de qualquer identidade. Enquanto o humanismo tradicional, assente no paradigma da separação e da oposição eu/alteridade, defendia a ideia de uma identidade fechada e imutável, cuja pureza tinha de ser defendida da alteração, da manipulação e da influência externa, o pós-humanismo coloca a hibridação, a mestiçagem e a contaminação como processos necessários à constituição de uma identidade em que a alteridade desempenha, por isso, um papel essencial. A alteridade é como o cônjuge que, no casamento, participa na procriação, nomeadamente no processo de construção da identidade, sempre in fieri, sempre adquirindo e incluindo e nunca se opondo ou excluindo. A nova visão só é possível se se abandonar a ideia obsoleta e inconsistente de que a identidade consiste numa essência original que deve ser defendida,

---

da evolução da identidade.

conservada e mantida ao longo do tempo. Esta visão é irrealista e suscetível de conduzir, fatalmente, a conflitos violentos entre identidades diferentes ou ao suicídio.

CAPÍTULO 3

A loucura do essencialismo humanista

A ideia de uma essência incontaminada e original a conservar a todo o custo implica a exclusão da alteridade de qualquer contacto com o mundo. A loucura desta abordagem torna-se perfeitamente clara quando comparada com a anorexia. O anorético que recusa a comida, um tipo de alteridade de que necessita para sobreviver, não se está a defender de uma possível contaminação, mas está simplesmente a suprimir a condição da sua própria existência. A ilusão de auto-afirmação leva à auto-negação. Ao recusar os alimentos que teme que o contaminem, o anorético leva ao extremo o velho conceito de identidade que pretende ser uma essência original e completa em si mesma, cuja pureza deve ser defendida de qualquer forma de contacto e contaminação. A separação discriminatória implementada pelo humanismo clássico sempre interpretou a identidade no sentido ontológico de oposição a qualquer tipo de alteridade. Ao proibir qualquer conjugação com o não-humano, fecha-se os olhos ao processo que constitui efetivamente a identidade, sempre in fieri. O conceito essencialista do humanismo clássico, pelo contrário, centra a atenção num instante do processo. A remoção obsessiva de qualquer forma de contaminação para salvaguardar uma pureza totalmente imaginária e estéril resulta no definhamento progressivo e na aniquilação desse alegado núcleo identitário (de um indivíduo, de uma população, de uma cultura, de uma língua, de um ambiente) que se sente que se deve salvaguardar através do isolamento forçado. A própria noção de indivíduo deve também ser repensada.

O pós-humanismo propõe substituir o termo "indivíduo" por "multivíduo", sublinhando assim a complexidade do processo identitário, que é difícil de conceber como a mera manifestação e explicitação de um programa individual original, essencialmente dado à partida. Pelo contrário, a identidade é vista como "um fruto híbrido que é criado precisamente através de processos de contaminação, de modo que a alteridade já não é considerada o estranho mas sim o cônjuge, ou seja, o termo conjugativo que permite a emergência em série de novos processos identitários" (Marchesini 2009,23). O pós-humanismo emancipa o conhecimento da função de domínio do mundo que lhe foi atribuída pelo humanismo. A degradação da vida no nosso planeta é uma consequência da incapacidade do humanismo clássico de reconhecer a interdependência de cada espécie e de cada ser vivo, incluindo os seres humanos. Enquanto o humanismo atribui ao ser humano a tarefa de subjugar o não-humano, considerado como uma degradação ou regressão em relação à essência do ser-humano, e concebe a alteridade como uma fonte de contaminação, o pós-humanismo coloca-se como uma abordagem radicalmente inovadora, tanto a nível cognitivo como operacional, uma vez que destaca a integração do não-humano com o humano como um facto inelutável. Numa perspetiva integrada e coordenada, os vários componentes do planeta interagem uns com os outros numa visão que "considera o ser humano não mais como a emanação das qualidades implícitas da nossa espécie, mas como um caminho de integração do não-humano" (Marchesini 2009, 24). Só uma epistemologia inclusiva e hibridizante dos predicados humanos, que considere injustificada qualquer pretensão de autossuficiência original do ser humano, pode permitir uma abordagem inteiramente nova da biosfera do planeta, uma abordagem capaz de lidar com a emergência ecológica.

Terminou a era da conceção autárquica do homem, baseada em vários pressupostos fundamentais: a existência de um protótipo em que consiste a identidade humana; qualquer alteridade não-humana é um desvio do protótipo humano, que deve ser visto como essencialmente divergente do universo do não-humano. No humanismo clássico, tudo o que diverge do protótipo humano é considerado pejorativo, dejectivo, degenerativo, como vimos no mito conclusivo de Timeu. Assim, o outro é considerado deficiente a partir de uma medida padrão estabelecida pelo protótipo humano, e não como um exemplo de ser humano depositário de diferentes funções executivas e existenciais.

O pós-humanismo substitui o antropocentrismo pelo antropodecentrismo, que não deve ser visto como a abdicação ou queda do homem, mas como o reconhecimento do valor e da função da alteridade na formação dos predicados humanos. O antropodecentrismo, portanto, não pode deixar de favorecer o próprio processo de formação do homem através da sua conjugação com a alteridade, enquanto o velho antropocentrismo, ao acentuar a separação solipsista entre as espécies, não pode deixar de dificultar, deprimir e rebaixar as possibilidades autopoiéticas do homem. A dimensão humana não pode deixar de se desenvolver através de alteridades não-humanas: "A alteridade é um referente capaz de se relacionar e de participar no processo identitário - no seu duplo sentido de formação e perceção da identidade - através da partilha referencial, ou seja, um contributo evolutivo efetivo" (Marchesini 2009, 24). O ser humano, portanto, deve ser entendido como o resultado da hibridização do homem com alteridades não-humanas. O homem constrói de forma sintética a dimensão que lhe é própria, não se limitando a realizar qualidades incluídas a priori nas suas caraterísticas principais. O pós-humanismo abre caminho a um novo tipo de humanismo capaz de reconhecer que os predicados humanos foram adquiridos através do diálogo com as outras espécies de seres vivos. O homem aprendeu com os animais, a chamada techne foi-lhe sugerida pela imitação dos seres vivos, incluindo os seus semelhantes. Não será a cultura a fuga definitiva aos esquemas pré-fixados? Não é a cultura a aprendizagem e a mudança do próprio desempenho como resultado do encontro hibridizante com alteridades heteroespecíficas? O homem é o ser cuja filogénese é insuficiente para identificar a sua ontogénese, mas "humaniza-se tanto mais quanto mais desenvolve a sua ontopoiese, hibridizando-se com as alteridades" (Caffo & Marchesini 2014, 28). A defesa do homem e da sua alegada essência leva ao extremo predicados e conteúdos específicos que são apenas o ponto de chegada de um longo processo biológico e cultural feito de cruzamentos, hibridações, contaminações de todo o tipo. O humanismo em todas as suas formas é a verdadeira ameaça para o homem porque tende a queimar a terra à sua volta, impedindo-o de progredir na sua auto-formação propriamente híbrida, na medida em que não reconhece que só o processo de antropodecentrismo permitiu ao homem emergir para além das manipulações ideológicas utilizadas pelo mito do humanismo clássico. Nesta perspetiva, a techne já não é uma simples emanação do homem, uma arte prometeica de um ser humano autofundado, mas sim uma aquisição progressiva que o homem deve agradecer às outras espécies, numa relação de imitação, emulação e diálogo sem fim com todos os seres vivos. A dívida do homem para com todos os animais de todas as espécies não pode deixar de ser aqui apontada. O estudo de novos materiais ou substâncias químicas tem ainda hoje como ponto de origem o estudo de caraterísticas e aparelhos de outras espécies[6] .

---

[6] O homem imita os animais e a natureza em geral também na criação de artefactos. Simona Regina entrevista Nicola Pugno, professor de Ciências da Construção no Politécnico de Turim, que explica como é possível transferir para o trabalho do homem as soluções extraordinárias encontradas na natureza: os super-materiais que merecem uma atenção especial são as teias de aranha, os membros de uma osga, as folhas da flor de lótus e o grafeno. No laboratório do Prof. Pugno, os investigadores exploram o potencial dos nanomateriais que apresentam qualidades biológicas excepcionais, a fim de os aplicar nos sectores da construção civil, aviação, construção, vestuário, etc. A natureza oferece soluções de grande qualidade, como é o caso das folhas da flor de lótus que não se molham e são autolimpantes (Regina, outubro de 2012, 16).

O essencialismo humanista nega qualquer forma de dependência do homem não só em relação aos outros seres vivos, mas também em relação ao divino. A insensatez da auto-afirmação solipsista típica do humanismo é ilimitada e atinge até a esfera teológica. Examinemos como ocorre a alegada emancipação do divino.

Outro exemplo formidável é o da osga que "é capaz de caminhar sobre superfícies lisas e de se fixar de cabeça para baixo no teto, porque os seus dedos estão cobertos por um grande número de cerdas que multiplicam as forças electromagnéticas de interação com a superfície. Esta propriedade proporciona uma extraordinária capacidade adesiva que, teoricamente, deveria funcionar mesmo no vácuo espacial. De facto, descobrimos que para descolar uma osga da superfície a que está aderida é necessário exercer uma força cerca de dez vezes superior ao seu peso" (*Ibidem*). O Prof. Pugno recebeu uma subvenção de mais de um milhão de euros do Comité Europeu de Investigação para desenvolver um projeto de cinco anos sobre a construção de materiais com caraterísticas semelhantes às das teias de aranha, ou seja, uma resistência e uma elasticidade extraordinárias. As teias de aranha são hiperelásticas (Ivi, p. 17).

CAPÍTULO 4

Para uma teologia pós-humanista

A afirmação da pureza original do antropos arquetípico encontra dois limites: um de cima para baixo, que consiste nas alteridades incluídas na vida real, e um de baixo para cima, que consiste na dependência do divino. O segundo limite é um obstáculo mais difícil de remover porque a dependência do homem em relação a Deus pode ser interpretada simbolicamente de várias maneiras, todas elas ligadas à condição humana de ser finito, no sentido de que o homem é imperfeito e está em constante evolução[7]. Nas suas várias expressões, o ateísmo é filho do humanismo clássico, que defendeu corajosamente a alegada identidade essencial do homem a partir da contaminação com o divino, quer sob a forma de contraposições paralelas e sinónimas (ex.: finito/infinito, temporário/eterno, criado/incriado, derivado/original, etc.), quer sob a forma de negação da existência de Deus. A negação do divino, ou seja, o ateísmo, no humanismo clássico é sempre ruinosa, como demonstra a prova ontológica, para a qual

---

[7] O conceito de plenitude do homem implica duas aceções principais. Na primeira aceção, de tipo humanista, o ser finito do homem é entendido como definido, fechado por limites intransponíveis; o principal limite neste sentido é a morte, vista como a privação de uma duração ilimitada da vida na terra. A mortalidade é, assim, deduzida como a marca da natureza humana, em virtude da qual o ser do homem é originalmente o que é e nada mais. Na segunda aceção, de tipo pós-humanista, o homem é finito no sentido em que a sua ontologia não está predefinida e a sua ontogénese está exposta a contaminações, hibridações e cruzamentos com qualquer espécie de alteridade. Na primeira aceção, o homem só pode vir a ser o que é *ab origine,* no sentido arquetípico; na segunda, o homem é, de cada vez, aquilo que a dependência das alteridades envolvidas na sua ontogénese o fazem vir a ser. A cultura é intrinsecamente pós-humanista, enquanto o fissismo (racial, sexista, fascista) é típico do humanismo clássico.

ter a ideia de Deus e negar a sua existência expõe o homem a uma clara contradição - se se seguir o raciocínio rigoroso que parte da ideia de Deus entendido como aquilo que nada de maior pode ser concebido. A ideia de Deus como aquilo que nada de maior pode ser concebido representa a necessidade de reconhecer a dependência do homem dessa forma especial de alteridade que é o divino. Na sua modalidade autêntica, ainda não filtrada ou alterada por adulterações ideológicas, a relação entre o homem e Deus assume a forma de diálogo, de concordância e até de exigência. É uma relação de um para um, como no antigo judaísmo, onde Javé fala a Israel através dos profetas; ou no cristianismo primitivo, onde a palavra de Deus ainda não estava congelada num aparato de fórmulas repetidas por uma liturgia cansada e cada vez mais abandonada.

Na perspetiva do humanismo clássico, a alteridade representada pela divindade torna-se uma ameaça e uma fonte de contaminação, que contesta a pureza da identidade do homem. As contra-medidas utilizadas pelo humanismo para reagir a esta ameaça são bem conhecidas. Em primeiro lugar, a acentuação da transcendência de Deus, a ponto de declarar ilegítima e inadequada a atribuição a Deus de qualquer predicado humano: é o distanciamento do divino, que caracteriza as várias expressões da teologia negativa. Em segundo lugar, o afastamento de Deus de qualquer relação com o mundo material, distinguindo entre o Deus verdadeiro, distante e inacessível, e o Demiurgo perverso que deu origem ao mundo, como na gnose e nas doutrinas cataristas. Em terceiro lugar, a negação da existência de Deus e do divino em geral nas suas diversas manifestações, consideradas como elementos de limitação, opressão e negação da identidade essencial do homem. [th]O humanismo culmina com o tipo de ateísmo proclamado no século XIX por Feuerbach, Nietzsche, Marx e Freud. As crenças religiosas são vistas como formas de auto-engano, como fontes de opressão e contaminação do homem na sua autenticidade, um obstáculo à expressão plena e completa da sua natureza fundamental. A ideia de que o homem deve encontrar-se a si próprio, deve regressar ao seu interior, superando o estado de alienação em que se encontra devido à sua adesão a um culto religioso, é proeminente em Feuerbach, que atribui à filosofia a tarefa de despertar o homem e de o libertar das cadeias que o impedem de viver autenticamente o conhecimento e o amor.

Por outro lado, o pós-humanismo não está de todo preocupado com a emancipação do divino, uma vez que o divino é a forma mais radical de alteridade. Assim, seja qual for o modo como o homem entra em contacto com Deus, o pós-humanismo deve acolher a contaminação do ser humano com o divino, esta conjunção com o transcendente, como uma espécie de hibridação e de ligação produtiva com uma alteridade não-humana sobre a qual assenta a constituição do homem. De um ponto de vista pós-humanista, a escuta da palavra de Deus é um acontecimento natural e necessário, em sintonia com a ontologia de ser aberto e plural, bem como conscientemente imperfeito, típica do homem. Assim, a Encarnação aparece definitivamente como um acontecimento pós-humanista. O facto de Deus se fazer homem e estar disposto a sacrificar-se por amor da humanidade é o exemplo de uma "hibridação" cósmica entre o humano e o divino. O ensinamento que Jesus dá a partir da cruz - amai os vossos inimigos - é um convite a aceitar a interação mesmo com aqueles que nos odeiam até à morte, na esperança de que se convertam à paz e ao amor. O amor pelos inimigos é um desafio: entrar em contacto com eles é arriscar a morte. A contaminação com os inimigos é muito arriscada, mas pode levar à conversão. Sempre que um cristão põe de lado a sua arrogância e dá o primeiro passo em direção àquele que o rejeita, suprimindo qualquer forma de presunção orgulhosa, vive a relação com o divino em termos pós-humanistas. Pelo contrário, o homem que se fecha na rotina de um culto habitual feito de acções formais e vive separado e isolado dos seus semelhantes, na ilusão de que só tem razão porque envia orações estereotipadas a um Deus distante e desconhecido, um Deus que ele teme e sofre sem o amar, torna-se a expressão do humanismo clássico, com os seus rituais de segregação e isolamento.

De facto, o humanismo sempre se preocupou em excluir a divindade do processo de constituição da identidade humana, obedecendo à sua típica obsessão pela pureza: o paradigma humanista é o seu próprio princípio e fim, a única fonte do seu próprio devir antropoiético. Assim, o homem é exaltado e qualificado em oposição ao animal e a Deus, ao inferior e ao superior. Assim recortado e empobrecido num quadro tão mutilado, o homem humanista cultiva uma falsa consciência de si mesmo que compromete o processo de construção da identidade na relação com as alteridades. Por conseguinte, poder-se-ia dizer que a morte de Deus decreta a morte do homem por asfixia. Na estase ontopoiética, tudo se corrompe e se desintegra.

CAPÍTULO 5

Humanismo e violência

A separação/segregação entre humano e não-humano, na qual se baseia a invenção da identidade humana em sentido existencialista, segue a mesma lógica que rege a construção afetada dos parâmetros que devem identificar uma dada identidade étnica. Tal como o ser humano se teria constituído emergindo e distanciando-se do não-humano, do qual é a negação, assim também um determinado ethnos afirma a sua própria superioridade sobre os outros com base no mesmo modelo de divergência e distanciamento dos grupos étnicos inferiores. Humanismo e racismo parecem, portanto, ter uma matriz comum na categoria da segregação que leva à negação a priori de qualquer forma de contaminação, hibridação, mistura, mestiçagem: todos os factores que, pelo contrário, desempenham um papel real na constituição do homem, tanto a nível individual como coletivo.

O homem deve a sua identidade à sua relação com as alteridades animal e maquínica. O humanismo clássico, pelo contrário, atribui-lhe uma identidade que é anterior a qualquer relação com a alteridade que, a longo prazo, é concebida como arriscada, negativa, destrutiva e, portanto, abominável. Na abordagem humanista, a relação entre o homem e a alteridade deve ser contida na esfera da mera necessidade instrumental e evitada, sempre que possível, porque é preconcebida como uma relação de dependência de ferramentas que exoneram, substituem e apoiam o homem, mas sem alterar os seus predicados, se não de forma negativa (daí a retórica humanista contra o progresso material e científico que ameaçaria o estatuto ontológico do homem, a sua alegada pureza original; e daí, também, o ludismo extremista e insensato de facções nostálgicas hostis a qualquer forma de inovação, mudança ou transformação). A relação com as máquinas é construída de forma semelhante à relação homem-animal no processo milenar de domesticação. No entanto, ao contrário de Descartes, que defendia que os animais são máquinas, para o pós-humanismo as máquinas são e são percepcionadas como animais.

O paradigma da pureza humanista é o fundamento da violência difusa e generalizada. O humanismo obedece a uma única ordem: a pureza deve ser protegida. Se a pureza se perde, é preciso extraí-la, tentando extinguir a impureza que a envolve, em nome da ordem, da justiça e do bem. Por outro lado, entrar em contacto com o mundo não equivale a afastar-se de si próprio, a enfraquecer ou a perder a identidade, mas simplesmente a evoluir e a construir uma identidade que, de qualquer modo, está sempre in fieri, nunca concluída, nunca extraível, nunca rastreável até às suas supostas e ilusórias origens remotas. A identidade não é um instrumento que se desgasta com o desempenho das trocas e da comunicação com a alteridade, mas é como uma planta que não pode crescer e só pode morrer sem uma troca contínua com o ambiente que lhe fornece água, oxigénio e componentes químicos vitais. A identidade é um organismo que se desenvolve através da interação e não apenas um adjuvante material que se desgasta quanto mais tempo é usado (como um par de sapatos ou um automóvel, por exemplo). Os processos de hibridação, contaminação e fusão com a alteridade não são, portanto, uma mera possibilidade, mas uma condição de sobrevivência. Assim, é necessário compreender melhor a constituição do sujeito, fundada na interdependência. Acolhendo o contributo da teoria mimética para a hermenêutica do sujeito, veremos que a chave dessa interdependência reside no desejo (Girard 1965,1983,2001).

CAPÍTULO 6

A génese do desejo

Na sua longa experiência como psiquiatra, Jean-Michel Oughourlian confessa que tem vindo a assistir a um número crescente de pacientes com problemas que não podem ser explicados como decorrentes de uma doença mental ou neurológica e que, em vez disso, requerem uma análise e têm de ser abordados no contexto da pessoa que pede ajuda ao psiquiatra e das pessoas com quem o paciente vive e tem relações interpessoais muito próximas, na família e no local de trabalho, ou seja, pai, mãe, irmãos, parceiro, chefe, etc. A relação entre casais é uma das mais tóxicas para a saúde física e mental de uma pessoa, admite Oughourlian, justificando assim a sua especial atenção à ajuda aos casais com os seus problemas. Embora existam casais que mantêm uma relação estável e feliz mesmo após cinquenta anos de casamento, para muitos outros a evolução da vida conjugal seguiu outro tipo de curva. Os casais com problemas são frequentemente vítimas de um paradoxo: são forçados a reconhecer que a atração muito forte que levou à sua união se transformou misteriosamente numa força que os separa com a mesma violência que os uniu no início. Oughourlian utiliza explicitamente a teoria mimética de Girard para decifrar os fenómenos ligados a esta grave condição (Oughourlian 2010). Tal como Girard, de quem é amigo e discípulo declarado, Oughourlian afirma que a verdadeira natureza do desejo é o seu carácter mimético, que impele incessantemente os indivíduos a copiar, a imitar os desejos daqueles que encontram. Os indivíduos só desejam ativamente na medida em que estão passivamente (e inconscientemente) sujeitos à influência dos desejos dos outros. No desejo, são simultaneamente activos e passivos. A imitação, no entanto, conduz rapidamente à rivalidade entre aqueles que aprendem mutuamente e reforçam simetricamente o desejo que estão a aprender uns dos outros, de acordo com um mecanismo que Girard designa por reciprocidade do conflito mimético (Tugnoli 2001,2003).

A "má-fé" implícita do desejo emerge da auto-compreensão do sujeito que interpreta o seu próprio desejo como original e espontâneo, e justifica, aos seus próprios olhos, o direito absoluto de o alimentar e reforçar. Na realidade, porém, esse desejo não é original, nem espontâneo, nem único, porque é derivado e aprendido. Daí a ligação entre desejo e rivalidade como sua caraterística intrínseca: uma vez que desejo a mesma coisa que um outro também deseja, e nego a sua pretensão de ser a causa originária desse desejo, faço do outro o meu rival e, à medida que esta rivalidade toma forma, sou levado a desejar com intensidade crescente aquilo que ele deseja e, por fim, a tirar-lho (Oughourlian 2010,12). O desejo e o conflito andam, portanto, de mãos dadas e intensificam-se progressivamente. Quando o sujeito fica totalmente imerso na rivalidade, que se tornou a sua obsessão dominante e absorvente, encontra-se numa condição psicopatológica. Oughourlian observa que muitas doenças mentais podem ser explicadas como uma condição baseada no desejo, uma condição patológica baseada na relação entre o sujeito e outra pessoa. A escalada descontrolada da obsessão rivalizadora de uma relação é o verdadeiro e absoluto problema, que mantém o sujeito num estado de prostração passiva, embora cada vez mais agitado por um ativismo frenético. Intrínseca ao desejo está a tendência para gerar rivalidade, que por sua vez intensifica o desejo. O desejo dá origem a uma rivalidade que reforça o desejo, que por sua vez exaspera a rivalidade. O desejo mimético e a rivalidade mimética reforçam-se mutuamente num círculo vicioso que acelera em direção a uma escalada progressiva que, no final, pode explodir em violência física.

Oughourlian afirma ter compreendido, com base na sua longa experiência clínica, que todas as relações humanas são regidas por um mesmo princípio universal, a mimese, ao qual ninguém pode escapar e que actua em cada ser humano como uma força inexorável. A natureza do nosso desejo é tal que imitamos constantemente aqueles que nos rodeiam, permanecendo de qualquer modo e continuamente sob a sua influência. A descoberta dos neurónios-espelho fornece uma base neurológica inequívoca para explicar o funcionamento da interação mimética com o meio envolvente[8] . O mecanismo mimético é, portanto, interpretado não como

---

[8] A teoria dos neurónios-espelho afirma que reproduzimos o esquema ou o mapa das acções realizadas na nossa presença como se fossem nossas. Cf: Rizzolatti 1996 e Rizzolatti & Sinigaglia 2006. A descoberta dos neurónios-espelho constitui um formidável argumento a favor da visão pós-humanista, pois demonstra como

uma possibilidade de reação do ser humano, mas como uma força inexorável que o condiciona desde o nascimento, uma vez que depende do mesmo quadro neurológico do sistema límbico.

Assim, as ideias, os sentimentos e os comportamentos podem ser interpretados como manifestações de um mesmo mecanismo que actua como o princípio da gravitação universal. Tal como os corpos que, embora se comportem de forma homogénea, ou seja, com base no mesmo princípio gravitacional, podem de qualquer forma colidir e destruir-se mutuamente, também o princípio mimético é ao mesmo tempo universalizante e individualizante, pois ao atuar de forma uniforme em cada indivíduo pode ainda provocar antagonismos paralisantes ou destrutivos nos intervenientes da relação. A teoria mimética, na sua clareza e simplicidade desarmantes, apresenta um princípio de explicação da nossa vida quotidiana. Ela explica os comportamentos ditos normais, bem como os desvios psicopatológicos das relações humanas. O facto de todos nós nos imitarmos constantemente remete para a alteridade do nosso desejo, para o sujeito que vive no outro que não o eu, dependendo do outro que não o eu. O poder da imitação é ambíguo: é verdade que não podemos evitar o mecanismo mimético, mas ao mesmo tempo estamos condenados, por assim dizer, a essa liberdade que

---

a condição necessária para a evolução ontogenética é a imitação, sem a qual a aprendizagem e a cultura não são possíveis. Por outro lado, já era sabido que a falta de exposição a estímulos verbais obtida através do isolamento artificial das crianças de qualquer contexto relacional com outros seres humanos, quando prolongada até à puberdade, inibe a formação de competências linguísticas.

nos é concedida pela possibilidade de nos livrarmos de velhos modelos, de rejeitarmos estereótipos obsoletos. Embora não possamos livrar-nos do mecanismo mimético, podemos ser livres para aceder a novos modelos, novos mediadores .[9]

Oughourlian sublinha o carácter paradoxal do desejo mimético, intimamente ligado ao seu grau de liberdade. De facto, não tem uma identidade fixa em si, mas é fluido e está sempre pronto a seguir qualquer outro modelo que encontre. O desejo nunca se configura de uma vez por todas. Qualquer pessoa que nos atraia por qualidades que consideramos admiráveis ou dignas torna-se um modelo potencial. Vivemos constantemente expostos à imitação, a infinitos jogos miméticos, sem nos apercebermos disso. O modelo do qual tomo emprestado o desejo torna-se meu rival, mas numa medida que varia consoante o laço que existe entre mim e o modelo. Entre a distância mais curta e a mais longa, que Girard define como mediação externa e interna, respetivamente, são possíveis várias distâncias intermédias que podem ser representadas por um triângulo. Se o modelo permanece externo, distante, transcendente, então o discípulo

---

[9] Se o ego toma consciência das causas dos seus próprios estadosinteriores e do seu próprio comportamento, então já não é um *Ego* mas um *Ele*. A sequência "Eu sou livre / Tu deixas-te influenciar / Ele age de forma determinista" ilustra claramente o resultado da objetivação obtido através da análise da consciência que não só percebe como tem consciência de perceber e de saber. Entre o ponto de vista do *Ego,* que se sente livre, e o ponto de vista do *Ele,* que a análise indica como não-livre, a diferença está no resultado, não no observatório, que continua a ser o sujeito. A autoanálise do sujeito transforma o sujeito em objeto, quer seja ele ou ele. Assim, é a análise que acaba por negar a liberdade que o sujeito, ao agir em primeira pessoa, percepciona como sendo a realidade indubitável. As duas perspetivas - a subjectiva e a objetiva - são incomensuráveis e não comunicantes. Cf. Tugnoli 2014.

pode olhar para ele como se fosse um ícone, uma bússola para o ajudar a orientar-se na vida, sem qualquer risco de rivalidade ou conflito. Este risco torna-se real na mediação interna, onde a rivalidade pela posse do objeto se transforma em obsessão mútua dos dois rivais. Neste caso, o objeto adquire um valor metafísico, devido à sua extrema proximidade com o modelo, e torna-se assim inalienável: tê-lo significa ser o próprio modelo. O desejo evolui para uma obsessão que revela não ser um desejo de ter, mas sim um desejo de ser. O triângulo mimético torna-se cada vez mais apertado - devido à imitação mútua, a intensidade do desejo de ambos os sujeitos cresce rapidamente.

Ao tornarmo-nos discípulos de alguém, desejamos um determinado objeto na ilusão de que, ao possuí-lo, podemos ser felizes. Mas quando alcançamos o objeto, somos obrigados a mudar de ideias. A infelicidade espera-nos no fim, se o nosso desejo for satisfeito. Em alternativa, tornamo-nos vítimas de uma escalada infernal de rivalidade que pode conduzir à criminalidade violenta. A este respeito, Oughourlian menciona a versão cinematográfica de 1955 de Christian-Jaque de *Nana* de Zola, em que Muffat, apercebendo-se de que Nana nunca lhe pertencerá, a mata para evitar que ela seja de outro, de outro rival[10] . Nesta versão cinematográfica

---

[10] O romance *Nana*, de Émile Zola, data de 1880. No romance, Nana morre de varíola, abandonada por toda a gente. O romance inspirou seis versões cinematográficas: 1926 (mudo), 1934, 1944, 1955, 1983, 2001. Na versão de 1934, Nana suicida-se; na versão de 1955, ela é morta. Na versão de 1955, o realizador concentra-se sobretudo no mecanismo de rivalidade.

de 1955, vemos como, no auge da crise mimética, coincidem o amor absoluto e o ódio mais terrível: o desejo metafísico, forma extrema do desejo mimético, leva-nos à anulação e transforma-nos em assassinos. Quando a posse do objeto desejado se revela impossível, preferimos destruí-lo para garantir que ninguém o possuirá em nosso lugar. Se necessário, estamos dispostos a destruir-nos a nós próprios para destruir o outro. O terrorismo pode ser considerado uma expressão deste tipo de patologia (Oughourlian 2010, 25).

As canções de amor falam sempre de uma espécie de dependência dolorosa, de tal modo que, durante a separação, o apaixonado não consegue deixar de pensar na pessoa amada, como que dominado por uma obsessão. No entanto, o encontro com o ser amado renova o sentimento de perda e uma necessidade irreprimível dele. O efeito, observa Oughourlian, é semelhante ao induzido pelo consumo de cocaína, que provoca um tipo de dependência psicológica e não física. Provoca nos utilizadores a mesma sensação imperiosa de vazio e de perda que se sente quando se está apaixonado. Não se deve confundir o desejo com o instinto, que impõe uma sequência ordenada e pré-fixada de comportamentos definidos genética e biologicamente. O desejo, que é puramente humano, pode intervir sobre o instinto e pervertê-lo ao ponto de o desviar da sua função natural, como a alimentação, por exemplo - como quando uma pessoa anoréctica, ao seguir freneticamente um modelo ideal e impossível, se torna incapaz de realizar a operação fundamental de se alimentar. Não haveria perversões sem desejo: todas as diferentes formas de perversão sexual (fetichismo, voyeurismo, sadomasoquismo, etc.) correspondem às diferentes modificações impostas pelo desejo ao instinto sexual. Os animais não apresentam perversões pelo simples facto de não terem desejos.

O desejo é uma força que só se pode manifestar ou exprimir devido a uma determinada resistência, que não tem necessariamente de ser real, mas pode ser apenas imaginária. O amante ciumento é consumido por uma paixão atormentadora ao imaginar que deve temer uma grande quantidade de rivais. O obstáculo, mesmo que inexistente, mesmo que apenas imaginado, alimenta o desejo até que este se transforme em obsessão. A paixão perde a sua força avassaladora logo que o obstáculo se desvanece ou desaparece. O desejo precisa, portanto, de resistência para agir e desencadear o movimento de energias suficientes para alcançar a posse do objeto desejado; quanto maior for a resistência, maior será a força do desejo. Se a resistência se desvanece, o desejo também se desvanece .[11]

O desejo humano é sempre mimético, ou seja, precisa sempre de um modelo ideal, admirável pelo prestígio que tem, que o sujeito adopta como mestre temporário ou duradouro do seu desejo. Se o objeto que desejo

---

[11] Oughourlian 2010, 29. O prestígio do modelo torna-o desejável e qualquer obstáculo que o torne inacessível aumenta o seu valor aos olhos do sujeito, que acaba por desejá-lo tanto mais quanto maior for a sua relutância (Girard 1965). No paroxismo da rivalidade mimética, no entanto, o sujeito não se percebe como dependente do outro, do modelo que gostaria de ser: ele simplesmente visa afastar o outro, negando *de facto* a sua dependência do modelo.

pertence ao modelo, naquilo a que Girard chama mediação interna, possuir esse objeto significa ter acesso a esse domínio superior, ao estatuto privilegiado do modelo. A mimese da apropriação desencadeia uma sequência de acontecimentos em escalada que convergem para o conflito, até que o desejo metafísico - o desejo de ser o modelo - transforma esse mesmo modelo num obstáculo. Este modelo-obstáculo é a última barreira que o desejo mimético encontra antes do abismo que o espera: o homicídio ou o suicídio. Mas a reciprocidade conflitual não é o resultado inevitável da evolução do desejo que está na base da formação do sujeito. A interdependência mimética pode conduzir a um resultado positivo que exclui a supressão do outro: para ser ele próprio, o sujeito não precisa de tomar o lugar do modelo, mas apenas de se identificar com ele. O sujeito deve simplesmente tomar consciência de si mesmo, não como uma entidade separada, mas como uma entidade interdependente, reconhecendo no outro a condição indispensável da sua própria existência e ação no mundo. A falsa afirmação de si mesmo conduz à supressão do outro. Perde-se no beco sem saída de uma contradição fatal que consiste em destruir a condição da sua própria existência. A perceção do outro como um obstáculo obriga o sujeito a reconhecer a contradição pela qual o modelo é, ao mesmo tempo, o fundamento necessário do seu ser e a causa absoluta do seu próprio fracasso existencial. O afastamento do outro aparece, pois, como necessário, como no humanismo clássico (que considera a relação com a alteridade como uma ameaça de contaminação de uma suposta essência), bem como impossível, como aparece à luz do pós-humanismo (que aponta a relação com a alteridade como o combustível indispensável ao motor humano).

CAPÍTULO 7

A interdependência contra a falsa afirmação do eu

O desejo mimético é o desejo de algo que outro deseja. Leva a desejar o ser do modelo, simultaneamente admirado e odiado. A rivalidade com o modelo-obstáculo torna-se mútua, criando assim uma reciprocidade conflitual cada vez mais violenta. Existe, no entanto, uma segunda forma de imitação, de tipo construtivo e sem o risco de rivalidade e de conflito com o modelo. Oughourlian chama a esta segunda forma identificação. Entre a primeira forma e a segunda existe uma continuidade, embora a segunda se caracterize pelo facto de adotar uma técnica que consiste em evitar o conflito e a violência: "Ao imitar o ser do modelo, conformo-me com ele e reconheço a sua parte na construção da minha identidade, que não é mais do que a soma das nossas identificações sucessivas com todos os modelos que fizeram de nós aquilo que somos" (Oughourlian 2010, 31). Se a identificação com o outro ocorre desta forma, não há necessidade de privar o modelo do que ele possui ou do seu próprio ser. A consciência de partilhar uma identidade comum com o modelo permite escapar à violência da mimese apropriativa, bem como ao turbilhão do desejo metafísico.

Oughourlian refere-se a Things Hidden Since the Foundation of the World, a obra em que Girard, Lefort e ele próprio abordam os vários aspectos da teoria mimética. O desejo tem origem na relação com o outro, que, no entanto, não deve ser entendida como uma relação possível entre dois indivíduos ou sujeitos, mas como um movimento mútuo entre dois pólos intimamente ligados, em que um precisa do outro. Esta perspetiva neutraliza toda a psicologia do sujeito individual como uma mónada de direito próprio, para se tornar uma psicologia relacional de pleno direito enquanto tal. O ponto principal assumido pela psicologia monádica é que os eus já constituídos antes e fora da relação com o outro já existem, enquanto a psicologia interindividual explora a interconexão original entre o eu e o facto de cada um de nós ser mudado, penetrado pela alteridade, que nos leva a abandonar um modelo por outro, do qual podemos absorver algum ser que sentimos faltar.

O acesso ao inconsciente do sujeito permite verificar o movimento polar do desejo. Oughourlian considera o acesso ao inconsciente por meio da hipnose um privilégio. De facto, a hipnose permite evitar as técnicas tradicionais de investigação baseadas na colaboração consciente do sujeito em análise. Na perspetiva mimética, escreve Oughourlian, a hipnose é especialmente interessante porque revela um mecanismo que opera em nós sem que nos apercebamos: a imitação do desejo do outro, e a alteridade que penetra em nós e opera mudanças a cada instante (Oughourlian 2010, 33). A hipnose revela a constituição do eu na relação interdividual. Oughourlian considera a hipnose a prova máxima do desejo mimético. Na relação hipnótica, o hipnotizador sugere a imitação do seu próprio desejo. O desejo do hipnotizador cria um novo eu no paciente através da relação hipnótica. O novo eu gerado pelo desejo do hipnotizador aparece com todos os atributos de um eu autêntico: uma nova consciência, uma nova memória, uma nova voz, uma nova motivação, etc. O eu do sujeito hipnotizado deixa-se modelar pelas ordens do hipnotizador, obedecendo à sua mais pequena injunção, adoptando desejos opostos aos que tem habitualmente, livrando-se facilmente de hábitos consolidados para os substituir pelos desejos sugeridos pelo hipnotizador.

Ao longo da sessão de hipnose, o hipnotizador representa o tipo ideal de figura que resume e reúne em si todos os caracteres da relação mimética. O mecanismo funciona perfeitamente bem e funciona igualmente bem fora da hipnose, embora esta permaneça um observatório privilegiado da dinâmica do desejo, mas apenas no que diz respeito à maleabilidade subjectiva do eu, reduzido a uma mera passividade. Poder-se-ia objetar que na hipnose está presente o elemento artificial da unidireccionalidade da influência. Na vida quotidiana, na esfera da consciência, a influência é, pelo contrário, alternada e recíproca, além de que nunca é tão radical e extrema, mas antes gradual e de intensidade variável. Oughourlian sublinha a importância epistemológica da hipnose para a compreensão da dependência do eu em relação ao desejo, para nos fazer compreender que sem desejo, ou seja, sem um modelo exterior que nos impele a imitá-lo, não há eu. "O facto da hipnose mostra-nos que não existe um eu separado do desejo, que é o desejo que anima o eu, e que o eu é um "eu-de-desejo" ou "eu-desejante"[12] . A nossa consciência só pode ser modificada pela relação com o outro, como acontece na hipnose, na medida em que é constituída em si mesma pela alteridade. O desejo e a alteridade andam naturalmente juntos. Se dissermos que o eu é desejo, uma vez que todo o desejo é segundo o outro, ou seja, é mimético, queremos dizer como consequência que cada eu é constantemente modificado, construído, guiado na sua evolução por todo o tipo de alteridade. Podemos reformular esta ligação de outra forma: sem alteridade, não há desejo, sem desejo, não há eu. Isto significa, evidentemente, que o eu deve a sua existência à alteridade, da qual depende. O eu depende do desejo, que por sua vez depende da alteridade: devido à propriedade transitiva, o eu depende da alteridade.

Uma consequência importante deste raciocínio é que qualquer referência a um eu "autêntico", "original", não tem sentido, se com esta expressão se entender a capacidade do eu de determinar por si próprio o caminho do desejo, sem ser influenciado por outros. Não é difícil perceber que a nossa vida consiste numa sucessão de eus que, por vezes, não têm qualquer relação uns com os outros. Na paixão do amor, o eu muda drasticamente, quase de repente. Surge um novo eu, mas se se sentir

---

[12] J.-M. Oughourlian, *A Génese do Desejo*, cit., p. 34.

abandonado pelo outro, ou se tiver medo de ser abandonado, o novo eu sentirá a ansiedade da morte, ou seja, uma verdadeira ansiedade da morte real, gerada por um pressentimento íntimo de que o amado, que alimenta o nosso desejo, pode fazer-nos morrer ao desaparecer. O eu do amante morre literalmente no momento em que desaparece a alteridade que alimenta o seu desejo e o qualifica como um eu. A morte do eu é anunciada e acompanhada por um sentimento de aniquilação, de perda de existência e de valor. O suicídio é muitas vezes a execução dramática do sentimento íntimo do eu de não ter valor. O abatimento sentido pelo eu pode ser acompanhado de sintomas físicos, como insónias, lágrimas, pesadelos, perda de apetite, diarreia, etc. A loucura do eu que sente o chão ceder sob os seus pés, que se sente abatido e varrido, pode culminar no assassinato do ser identificado como a causa da catástrofe existencial. Mas, desta forma, como já observámos, o desenlace contradiz o pressuposto fundamental de toda a relação autêntica, fundada no reconhecimento da alteridade como condição prévia do ser, do respirar, do pensar e do agir.

A negação do outro, que assume a forma extrema do homicídio, representa uma regressão ao isolacionismo essencialista do humanismo clássico. A raiz da violência está já presente na negação humanista da alteridade sentida como uma ameaça à própria identidade - negação que, na primeira oportunidade, se transforma em expulsão e aniquilação do outro como inimigo absoluto. O processo expiatório que termina com o linchamento de uma vítima inocente reúne em síntese perfeita todas as hostilidades que miasmaticamente estagnam e envenenam a comunidade vítima do cruzamento de acusações. A expulsão de uma vítima qualquer para que a paz volte a reinar traz para o plano coletivo a mesma regressão a que assistimos na relação interindividual: em ambas, a paz e a segurança - do sujeito ou da comunidade - são perseguidas através da separação violenta de uma alteridade.

A violência nasce do isolamento. É o resultado de uma abstração que falsifica a realidade, como se alguém pensasse que é possível isolar a cor da parede da superfície colorida. O eu que ignora a sua própria condição de interdependência e alimenta uma falsa ideia de si próprio como ser separado, independente e original, inaugura essa subversão das relações reais que se traduz em violência e abuso de poder. A tarefa que se nos apresenta é, pois, a de superar a alterofobia - o medo da alteridade - que herdámos do humanismo clássico, através de uma nova consciência iluminada capaz de rasgar o véu da falsa consciência que esconde a nossa verdadeira identidade.

CAPÍTULO 8

Referências

Bauman, Z. (2004). *Amor líquido. On the Frailty of Human Bonds,* 2003, traduzido, *Amore liquido. Sulla fragilita dei legami affettivi,* de S. Minucci, Roma-Bari: Laterza, décima edição 2009.

Boncinelli, E. (2009). *Perche nonpossiamo non dirci darwinisti,* Milano: Rizzoli.

Caffo, L., & Marchesini, R. (2014). *Cost parld il postumano,* E. Adomi (ed.), Aprilia: Novalogos/Ortica editrice.

Ghilardi, M. (2012). *Filosofia dell'interculturalita,* Apresentação de G. Pasqualotto, Brescia: Morcelliana.

Girard, R. (1965). *Menzogna romantica e verita romanzesca,* tradução de L. Verdi-Vighetti, Milano: Bompiani.

Girard, R. (1983). *Des choses cachees depuis lafondation du monde,* 1978, tradução italiana, *Delle cose nascoste sin dalla fondazione del mondo,* de R. Damiani, Milano: Adelphi.

Girard, R. (2001). *Je vois Satan tomber comme l'eclair,* Paris 1999, tradução italiana, *Vedo Satana cadere come la folgore,* de G. Fomari, Milano: Adelphi.

Marchesini, R. (2001). *Posthuman. Verso nuovi modelli di esistenza,* Torino: Boringhieri.

Marchesini, R. (2009). *Il tramonto dell'uomo,* Bari: Dedalo.

Platone. (2001). *Protágora,* Prefácio, ensaio introdutório, tradução e notas de G. Reale, Apêndice bibliográfico de M. Andolfo, texto grego paralelo, Milano: Bompiani.

Platone. (2003). *Timeo,* introdução, tradução, notas, equipamento e apêndice iconográfico de G. Reale, apêndice bibliográfico de V. Cicero, texto paralelo grego, Milano: Bompiani.

Regina, S. (ottobre 2012). entrevista: Material! copiati dalla natura", LE SCIENZE, edição italiana da Scientific American.

Rizzolatti, G., & al. (1996). "Premotor cortex and the recognition of motor actions", Cognitive Brain Research, Vol. 3, n. 2, pag.131-141.

Rizzolatti, G., & Sinigaglia, C. (2006). *So quel che fai. Il cervello che agisce e i neuroni specchio,* Milano: Raffaello Cortina Editore.

Tugnoli, C. (2001). *Girard. Dal mito ai vangeli,* Padova: Messaggero.

Tugnoli, C. (2003). "La teoria mimetica come superamento della logica sacrificale", in Tugnoli, C., & Fomari, G., *L'apprendimento della vittima. Implicazioni educative e culturali della teoria mimetica,* FrancoAngeli, Milano: FrancoAngeli, pp. 13-137.

Tugnoli, C. (2005). "La zooantropologia tra umanesimo e post-umanesimo", em I. Sanna (ed.), *La sfida delpost-umano. Verso nuovi modelli di esistenza?,* Roma: Edizioni Studium, pp. 67-82.

Tugnoli, C. (2011). "L'identita introvabile. Nota critica a Francesco Remotti, L'ossessione identitaria", in *Per la filosofia. Filosofia e insegnamento,* ano XXVIII, n. 83, III, pp. 75-89.

Tugnoli, C. (2012). "Le radici culturali della violenza sessuale", in RIVISTA DI SESSUOLOGIA, vol. 36, abril-setembro, Roma: CIC edizioni intemazionali, I. Testoni, M. Wieser, A. Zamperini, P. Cottone (eds.), Vittima e camefice nella violenza di genere: dalla violenza sessuale intrafamiliare alia violenza di comunita / Persecutorvictim relationships in gender violence: from intrafamiliar rape to community violence), pp. 102-111.

Tugnoli, C. (2013). "A cultura da deusa: Modelo Gylanic versus Modelo Androcratic", em C. Arcidiacono -1. Testoni - A. Groterath (eds), Daphne and the Centaurs. Overcoming Gender Gased Violence, Opladen-Berlin- Toronto: Barbara Budrich Publishers, pp. 43-55.

Tugnoli, C. (2014). "Nota introduttiva", em C. Tugnoli (ed.), *Libero arbitrio.*
Teorie eprassi della liberta, Napoli: Liguori editore, pp. 9-114.

Oughourlian, J.-M. (2010). *Genese du desir,* 2007, tradução inglesa, *The Genesis of Desire,* de E. Webb, Michigan State University Press, EUA.

Printed by Books on Demand GmbH, Norderstedt / Germany